Un secret de grand frère

Julie Rey

Un secret de grand frère

Illustré par Anne Simon

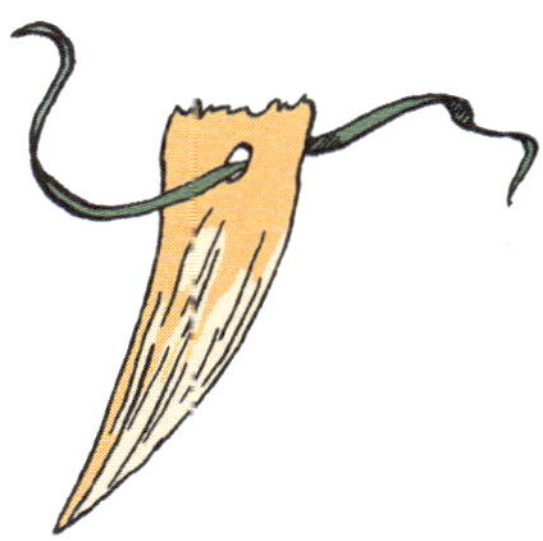

l'école des loisirs
11, rue de Sèvres, Paris 6e

Loi n° 49.956 du 16 juillet 1949 sur les publications
destinées à la jeunesse : avril 2019
Dépôt légal : avril 2019
Imprimé en France par Clerc
à Saint-Amand-Montrond

ISBN 978-2-211-30134-3

Pour ma petite Jeanne

Chapitre 1

Un caillou a rebondi sur la vitre. Je me suis approché lentement de la fenêtre avant de l'ouvrir. Tête penchée, j'ai vu dans la pénombre une silhouette agiter les bras.

– Simon, c'est moi ! Albin !

– Albin ? T'as vu l'heure ? Qu'est-ce qui se passe ?

– Un truc horrible. Faut que je te dise. Ta baby-sitter est là ?

– Passe par le garage. Je vais l'occuper.

Je suis sorti de ma chambre et, l'air de rien, je suis descendu à la cuisine, prétextant un mal de ventre soudain qui se traduisait par l'envie irrépressible de boire un grand verre d'eau.

Léa était là, dans le salon, à réviser, et elle s'est occupée de moi. Deux ou trois verres plus tard, Albin était dans ma chambre, un bandeau sur les cheveux, un masque sur les yeux et un K-way sur le dos, comme s'il s'apprêtait à partir en commando.

– C'est quoi, ce déguisement ?

– C'est pour passer incognito.

– Incognito auprès de qui ?

– Mes parents vont adopter. Ils me l'ont dit à table.

– Adopter un chat ?

– Non.

– Un chien ? Encore plus génial !

– Non.

– Quoi alors ?

– Pas quoi. *Qui*. Une petite fille. Elle va venir vivre avec nous dans deux mois.

– Depuis quand c'est au programme ? Pourquoi tu ne m'as rien dit ?

– Ça faisait un moment qu'ils en parlaient mais je ne pensais pas que ça allait arriver... pour de vrai !

Il a vidé son sac à dos sur le tapis : un pyjama dépareillé, une brosse à dents abîmée, un paquet de gâteaux, une carte du monde et six euros. Il a tiré le matelas de sous mon lit, le matelas spécial copain sur lequel il dort souvent, et il s'est assis dessus.

– Je me suis enfui. C'est pour ça que je dois rester incognito. Je ne veux pas d'une adoptée dans ma chambre.

– Tu t'es enfui ? Et tu viens chez moi ? À dix mètres de ta maison ?

Je n'ai même pas eu le temps de dire que c'était une mauvaise idée que Léa était déjà rentrée dans ma chambre. Elle n'avait pas l'air contente du tout.

– Il me semblait bien avoir entendu des voix. Qu'est-ce que tu fais là, Albin ?

– Euh... Je...

– Je vais appeler tes parents.

Au même moment, le téléphone a sonné. C'étaient les parents d'Albin. Ça n'était pas dur de deviner où se trouvait leur fils !

– Oui, oui, oui, répétait Léa. Je vous le renvoie.

On entendait la voix grave de son père résonner à plusieurs mètres. Il était très en colère.

– Albin. Tu as deux minutes pour rentrer.

– Je vais être puni, à tous les coups.

Il a remis toutes ses affaires dans son sac à dos, l'air triste, la tête baissée, comme quand on sait que le maître va nous rendre un devoir où on aura une sale note. Je l'ai accompagné jusqu'à la porte. Je ne savais pas quoi lui dire, alors je lui ai donné ma dent de tyrannosaure que papa m'avait ramenée du musée d'Histoire naturelle.

– Merci, Simon. À demain.

Quand Albin a disparu dans l'obscurité et qu'il a passé la haie, j'ai demandé à Léa en quoi les enfants adoptés étaient différents des autres, s'ils allaient dans une école spéciale, un peu comme les surdoués, ou si on leur apprenait à être des enfants particuliers.

– Ce sont des enfants qu'on a abandonnés. C'est ça, leur différence. Pourquoi tu me demandes ça ?

– Pour rien. Comme ça. C'est… à l'école, on en a parlé.

« Abandonnés ». Ça m'a fait froid dans le dos. J'ai raconté à Léa qu'une fois j'avais vu avec mamie, qui s'était endormie, un reportage à la télé où des enfants de tous les âges défilaient devant de futurs parents qui souhaitaient adopter et qui, assis autour d'un podium, regardaient les enfants leur adresser des petits signes. Une voix dans un micro les présentait un par un, donnant leur prénom, leur âge, ce qu'ils aimaient faire dans la vie. Comme des animaux de foire. Je me souviens d'un petit gros un peu rougeaud. La voix disait qu'il avait douze ans et que c'était sa dernière chance d'être adopté parce qu'après, il irait en foyer. Je m'étais senti triste pour lui.

– On ne choisit pas les enfants comme ça. Tu as dû mal comprendre.

Mais non, je me souvenais très bien de l'estrade sur laquelle ils montaient les uns après les autres, et de la façon dont ils se présentaient, dont ils souriaient, je m'en souviens très bien, même que je me suis demandé si moi aussi, à leur place, quelqu'un m'aurait choisi.

– Si, je te jure. C'était en Amérique.

– En Amérique ? Ah. Peut-être. Ils sont bizarres parfois... Allez ! Il est tard. Au lit ! Sinon, demain, tu n'arriveras pas à te lever.

Je n'ai pas insisté. Je suis monté dans ma chambre et je me suis allongé sur mon lit. Les yeux fermés, j'ai pensé à papa qui allait bientôt rentrer de son stage de professeur, j'ai pensé à maman qui devait encore s'occuper d'un petit vieux malade et j'ai pensé à ce garçon un peu gros, sur l'estrade, que personne sans doute n'avait choisi. Il fallait que j'en parle à Albin, que je lui dise qu'ils avaient l'air quand même sympas à la télé tous ces enfants qui défilaient et que, même si c'était en Amérique, il devait y avoir de bonnes chances pour que sa petite sœur leur ressemble et soit aussi gentille qu'eux.

Chapitre 2

– Debout !

J'ai ouvert un œil. La lumière est arrivée droit dans mes yeux. Maman, quand elle me réveille, elle ne fait pas les choses à moitié.

– Dis donc, mon loulou. Il faut qu'on parle un peu tous les deux…

– Pour Albin ? Je sais. C'est parce qu'il va avoir une sœur adoptée et qu'il n'en veut pas.

– Il ne peut pas partir comme ça de chez lui. Tu es son ami. Tu dois lui dire que ça n'est pas la solution.

– T'en connais, toi, des enfants adoptés ?

– Quelques-uns. Tu as entendu ce que je t'ai dit ?

– Oui. Mais pourquoi on les a abandonnés ?

– Ça dépend des cas. Parfois, certains sont trop jeunes pour être parents et d'autres n'ont pas la possibilité de s'occuper de leurs enfants, par manque d'argent ou pour un tas d'autres raisons...

– Et ça existe, en France, des parents très pauvres comme ça ? Des tellement pauvres qu'ils ne peuvent pas s'occuper de leurs enfants ?

– Oui.

Ça m'a rappelé l'horrible histoire du Petit Poucet.

– J'ai de la chance alors d'avoir des parents riches et vieux !

Maman est partie dans un grand éclat de rire. Je voyais pas ce qu'il y avait de si drôle mais je ne lui ai rien dit parce qu'elle a l'air fatigué en ce moment, avec tous ces petits vieux dont elle s'occupe à la maison de retraite et qui perdent la tête les uns après les autres.

J'avais hâte de retrouver Albin. Je me demandais comment il avait été puni – j'espérais qu'il ne l'avait pas été trop – et s'il avait pu s'amuser un peu avec la dent de tyrannosaure. Je suis allé le chercher. Caché contre le mur, dès qu'il est apparu, je me suis jeté sur lui pour le chatouiller. C'était notre grand jeu : résister le plus longtemps aux guilis de l'autre mais, cette fois-ci, il s'est juste tortillé en râlant.

– Arrête !

Il était de très mauvaise humeur.

– Ça s'est mal passé ?

– « Mal passé » ? Je suis interdit de console pendant deux mois. Chose n'est même pas arrivée qu'elle ne m'apporte déjà que des ennuis !

– C'est qui, Chose ?

– L'adoptée !

Je lui ai raconté pour les enfants en Amérique qui défilent sur les podiums. Je lui ai dit qu'au départ ils étaient abandonnés, qu'ils trouvaient de nouveaux parents et qu'ils avaient tous l'air très sympas.

– Tu comprends pas ! Je m'en fiche qu'elle soit chouette. Je ne veux pas de sœur, c'est tout.

J'ai voulu lui changer les idées alors je lui ai parlé de ma dent de tyrannosaure.

– Elle est à l'échelle. C'est comme une vraie dent, tu sais !

– Je l'ai rangée dans mon coffre hier en rentrant.

Ça m'a fait de la peine mais je n'ai rien dit. J'aurais préféré qu'il la garde dans sa poche, comme un trésor.

– Elle vient d'où ?

– Qui ?

– Ta sœur.

– Chose ? C'est pas ma sœur. Dis pas ça. Elle vient de l'autre bout du monde.

– D'Australie ?

– De Chine.

– Mais alors tout le monde va savoir qu'elle n'est pas ta sœur.

Albin a eu un air étrange puis il m'a pris par l'épaule et m'a savonné la tête avec le plat de sa main (ça, j'aimais moins comme jeu parce que ça me tirait les cheveux).

– Mais oui ! Tout le monde verra qu'on ne se ressemble pas et personne ne pensera que c'est ma sœur ! Je serai tranquille ! Je n'aurai pas à m'occuper d'elle et quand on me demandera qui c'est, je dirai que je la connais pas !

Ça avait l'air d'être une bonne nouvelle pour lui d'imaginer qu'il pourrait faire croire à tout le monde que Chose était une étrangère. J'avais du mal à comprendre parce que moi, j'ai toujours rêvé d'avoir un petit frère ou une petite sœur. Une fois, j'ai demandé à maman si ce serait possible mais elle m'a dit que papa et elle ne voulaient qu'un seul enfant. J'aurais bien aimé avoir une petite sœur, même adoptée, une petite fille abandonnée qui ne serait plus abandonnée et à qui je prêterais mes jouets, pour peu qu'elle aime les camions et les dinosaures, une petite sœur ou un petit frère que je pourrais impressionner, qui me trouverait fort et rigolo et avec qui je ferais des blagues aux parents.

– Je te préviens, m'a lancé Albin quand on a passé la grille de l'école, quand Chose se pointera, t'as pas intérêt à copiner avec elle.

J'ai promis mais ça m'a bien embêté. J'avais envie de la connaître, Chose, et même de lui donner mes vieux jouets. En même temps, Albin était mon meilleur copain depuis la maternelle et je ne voulais pas le décevoir.

Quand je suis rentré de l'école, maman était à la maison. Elle avait même eu le temps de me préparer un petit goûter, mais dès qu'on s'est mis à table, son téléphone a sonné. C'était à propos du père Arrulphe qui, lui, n'était pas rentré goûter à la maison de retraite et qu'on cherchait partout dans le village. Certains des résidents avaient *Zaïmer*, une maladie avec un drôle de nom qui fait qu'on perd les pédales et qu'on ne sait plus trop qui on est ni ce qu'on fait. Une fois, un petit vieux – notre ancien boulanger qui nous livrait le pain les dimanches – s'est perdu et il est venu sonner chez nous. Il ne se souvenait de rien sauf de l'adresse de maman. C'est parce qu'il l'aimait beaucoup. Ils l'aiment tous beaucoup.

– Je passerai vers la rivière. C'est son coin. Je vous rappelle si je le vois. Là, je goûte avec Simon.

En disant cela, elle m'a fait un grand sourire. On a mangé une compote et des gâteaux et maman a bu un thé. Je lui ai raconté ce que j'avais appris à l'école sur les chevaliers du Moyen Âge.

– Ils portaient des armures de vingt kilos.

Tu imagines ? Et il fallait encore qu'ils se battent à l'épée. Je n'aurais pas aimé être chevalier. Ni soldat.

– M. Arrulphe a été capitaine.

– Capitaine de chevalerie ?

– Capitaine de gendarmerie.

– Il a *Zaïmer* lui ?

– Alzheimer. Non, il est juste un peu… disons… original. Un original qui a la bougeotte.

– Maman, t'es sûre que tu n'as pas *Zaïmer* ?

– Pourquoi tu me poses cette question, mon loulou ?… J'oubliais, c'est vrai. Tu me l'as dit ce matin, je suis vieille !

– T'es vieille et t'oublies des trucs.

– Quoi comme trucs ?

– Comme de m'acheter des pots de pâte à tartiner et des bonbons qui piquent quand tu vas au supermarché.

– C'est pas *Zaïmer*, ça, mon chéri, c'est pour t'éviter d'avoir les dents toutes noires à cause des caries !

J'ai repris un gâteau et je l'ai fourré dans ma bouche, en entier, pour faire enrager maman mais elle n'avait pas trop le temps pour des blagues. À peine son thé fini, elle est partie en trombe essayer de retrouver le père Arrulphe qui n'avait toujours pas donné de nouvelles. Parfois, maman me donne l'impression d'être Superman mais en fille, une maman super forte qui prend soin de tout le monde, même de ceux que les autres ont pris l'habitude d'oublier.

Chapitre 3

PIÈCE D'IDENTITÉ
NOM:
PADEPOIL
GÂTEAUX

J'étais bien occupé, après l'école, à aider Albin à se préparer pour son départ. Il avait beau savoir que personne ne pourrait deviner que Chose et lui étaient frère et sœur, ça ne lui suffisait pas. Il ne voulait pas juste l'ignorer, il voulait la fuir. S'en aller. Détaler. Il avait décidé qu'il irait vivre dans la forêt dès qu'elle serait arrivée. Je savais que ça n'était pas une bonne idée mais ça m'amusait tellement de jouer à l'aventurier avec lui que je n'ai rien dit à personne.

On a rédigé un guide de survie avec dedans la liste de tous les objets obligatoires à emporter pour une telle expédition :

- Une lampe de poche ;
- Des boîtes de gâteaux ;

- Des images de foot à échanger (pour faire du troc, avec tous les enfants qui se retrouveraient dans la forêt parce que eux aussi auraient des frères et sœurs adoptés qui leur seraient tombés dessus : ça, j'y croyais pas du tout mais Albin était persuadé qu'une confrérie de la sorte existait, et quand il nous arrivait de croiser d'autres enfants, il leur adressait un petit clin d'œil complice auquel aucun d'eux ne répondait mais qui lui permettait de croire à son histoire) ;
- Une fausse pièce d'identité avec un faux nom (Albin a mis Padepoil comme nom de code, je lui ai dit que ça faisait plutôt hamster malade mais il ne m'a pas écouté) ;
- Un oreiller ;
- Une mini-tente ;
- Une carte de France ;
- Deux pansements.

Et puis Albin a rédigé une déclaration :

« Moi, Albin, je refuse que Chose me pique ma chambre et mes jouets. Elle n'en aura pas un même quand je serai le roi de la forêt. On ne pique rien à un roi.»

J'étais censé donner ladite déclaration à ses parents le jour où il partirait mais je les aimais beaucoup et je savais déjà que je ne leur donnerais pas, en tout cas pas en mains propres. La maman d'Albin est couturière. C'est elle qui me fait mes ourlets et qui raccommode tous les habits que j'use à force de crapahuter. Son papa, je ne sais pas trop ce qu'il fait, c'est un peu secret. Quelque chose comme grand chef d'une entreprise qui construit des immeubles géants.

Depuis quelques semaines, c'est vrai que la maison d'Albin a changé. La moitié de sa chambre s'est transformée en une chambre pour bébé. Seul un paravent sépare les deux espaces. Les murs du côté bébé ont été repeints, et les volets vernis. Un petit mobile en papier flotte au-dessus du berceau. Au mur, les lettres du prénom de sa petite sœur forment une guirlande. Je savais donc comment elle allait s'appeler mais, quand on en parlait avec Albin, il voulait toujours qu'on l'appelle Chose. Ça me tracassait, ça, alors j'en ai parlé à papa. Il arrive toujours à trouver des explications à ce qui est compliqué. Il est professeur, c'est peut-être pour ça, ça aide. Je lui ai demandé pourquoi Albin était si dur et si en colère parce que depuis qu'on était amis, lui et moi, je ne l'avais jamais vu comme ça. Papa m'a dit de ne pas m'inquiéter, que tout ça changerait le jour où sa petite sœur arriverait. Parfois, a-t-il ajouté, on se fait une montagne de quelque chose, et puis quand ça arrive on réalise que ça n'était pas si difficile. Montagne ou pas, il ne savait pas ce qu'Albin préparait en cachette. J'étais seul à connaître son secret et ça me faisait peur. Dans un mois tout juste, Chose allait arriver et Albin était toujours aussi décidé à s'enfuir.

Comme il était interdit de console, ses parents nous laissaient plus que d'habitude jouer dans notre cabane dans la forêt. Évidemment, on ne leur avait pas dit que c'est là qu'Albin se cacherait quand il aurait pris la poudre d'escampette. On a eu le droit d'embarquer des clous et des marteaux et aussi de vieilles planches que son père avait gardées d'un ancien chantier. On a commencé par le toit qu'on a calé entre deux branches de hêtre et on a fait un plancher avec des chutes cloutées et rafistolées à même le sol. Ensuite, on s'est attaqués aux murs en posant des bouts de bois qui tiennent plus ou moins bien selon le temps. Il fallait aussi assurer les réserves de nourriture. De temps à autre, je mettais de côté une bouteille de jus d'orange et une boîte de conserve mais j'ai vite compris qu'Albin envisageait de ne garder que des bonbons, des choco-BN (ses préférés) et du Coca. Ça promettait de bons goûters !

Un dimanche après-midi, Léa est venue nous rendre une petite visite surprise. Elle voulait me faire un bisou parce qu'elle allait partir quelques jours en vacances. Elle était épatée de voir ce qu'on avait construit.

– C'est une belle cabane, ça. Avec même… Dis donc, une couverture de survie !

– On ne sait jamais, a répondu Albin d'un ton grave.

– Tu ne risques pas de mourir de froid. Tu seras rentré chez toi avant que tes orteils ne gèlent !

– Oui, a fait Albin en rigolant à moitié.

Justement, non. S'il mettait son plan à exécution, il allait se geler dans sa cabane et il serait à la merci de tous les chiens de chasse qui se promènent le soir avant qu'on ne les rentre dans leur enclos. Avec les murs branlants qui tombent au premier coup de vent et sa couverture de survie, il n'allait pas pouvoir se défendre. T'inquiète, m'avait-il dit, j'ai un petit canif. Un petit canif, c'est bon pour couper une pomme ou une branche, pas pour faire fuir un chien ou un sanglier.

Comme plus personne ne parlait, Léa a coupé court à la gêne ambiante :

– Je suis un peu pressée. Je vous ramène, les aventuriers ?

Albin n'a pas voulu alors je suis reparti tout seul avec Léa.

Léa, je l'aime. C'est ma baby-sitter depuis des années et elle est toujours de bon conseil avec moi.

– Il n'a pas l'air très en forme, Albin, ces temps-ci…

J'avais très envie de tout lui raconter mais j'étais tenu au secret. Pas un mot sur ce que préparait mon copain....

– Je ne te l'ai jamais dit mais moi aussi, mes parents m'ont adoptée quand j'avais huit mois.

Alors comme ça, Léa était comme Chose... Je n'aurais jamais pu le deviner. Elle ressemble tellement à sa maman, elles ont toutes les deux le même petit nez en trompette et le même rire.

– Mais tes vrais parents; ils sont où tes vrais parents?

– Je sais pas. Je les ai jamais cherchés.

– Tu veux pas savoir qui c'est?

– J'ai déjà des parents.

On s'est arrêtés au feu rouge. Elle m'a regardé avec un sourire tout doux alors je lui ai fait un câlin. Toujours, maintenant, quand je parle des enfants adoptés ou quand je vois des abandonnés, je vois l'image du petit garçon gros à la télévision et ça me donne envie de faire des câlins. Je me demandais comment j'allais bien pouvoir me retenir d'en faire à Juliette... euh, enfin, à Chose. Léa, elle avait l'air tellement bien dans ses baskets et tellement bien avec sa maman bretonne que d'un coup d'un seul, ça ne m'a plus amusé de prétendre que j'allais aider Albin à s'enfuir. Parce qu'il n'y avait aucune raison de s'enfuir.

J'ai attendu qu'Albin rentre ce soir-là et je suis allé le voir direct avant même qu'il ne passe le portail de chez lui.

– T'es sûr de toi ? Pour la cabane et pour tout le reste ?

– Oui…

– Je ne veux plus t'aider.

– Tu ne peux pas me laisser tomber. T'es mon ami.

– Justement. Je ne veux pas que tu te fasses attaquer par des sangliers.

– Quoi ?

– Ou que t'aies si peur dans le noir que tes dents claqueront tellement fort que tu les perdras !

– Je n'aurai jamais peur comme ça.

– C'est une petite sœur qui va habiter dans ta maison. Ce n'est pas la fin du monde.

– Je sais comment ça marche. J'ai bien vu avec mon cousin. Quand sa sœur est arrivée, il a été privé de tout : de jouer, de lire, d'écouter de la musique, et ses parents lui hurlaient dessus du matin au soir pour qu'il fasse moins de bruit.

Là, j'ai pas su quoi dire.

Chapitre 4

Les jours qui ont suivi, Albin m'évitait. Il me faisait la tête. Une tête dure et fermée. Quand j'allais le voir, il répétait tout le temps la même phrase.

– T'es qu'un traître. C'est tout.

– Tu as déjà pensé que ça pourrait être super chouette avec Ju... Chose ?

– Même. T'es qu'un traître.

Les autres à l'école ont bien vu que quelque chose n'allait pas et, comme c'était la première fois qu'on se disputait, ils ont cherché à savoir pourquoi. Je n'ai rien dit. Même contre des carambars, même contre des tablettes de chocolat blanc et même contre le dernier Mario Bros dont je rêvais pourtant depuis des semaines.

Bouche cousue. Je n'ai rien dit. Ni pour Juliette ni pour la cabane parce que, contrairement à ce que disait Albin, je n'étais pas un traître. Un copain à nous lui a dit tout ce que j'avais refusé comme cadeaux pour ne pas le trahir et il a fini par revenir vers moi à la fin du cours de sport.

– D'accord. T'es pas un traître. On peut jouer ensemble mais interdiction que tu mettes un pied à la cabane.

J'étais trop content qu'on se soit réconciliés alors je n'ai pas discuté, même si je trouvais ça un poil exagéré.

– On pourrait aller jouer à la rivière ? Pêcher des écrevisses ? Papa est d'accord pour nous emmener dimanche matin.

– Ouais.

À l'école, ça a chauffé. Un nouveau est arrivé. Il s'appelle Han et il est originaire de Chine. Son papa est ingénieur et il est venu en France pour le travail. Ça fait six mois qu'ils sont ici. Avant, Han était dans une classe spéciale pour tous ceux qui arrivent en France et qui ne parlent pas français, et maintenant il est inscrit dans notre école. C'est le maître qui nous a expliqué tout ça. On lui a souhaité la bienvenue et il avait l'air content mais, à la récré, la bande de gros durs de CM2 s'est empressée de le traiter de chinetoque. Ils l'ont montré du doigt et puis ils ont tiré sur leurs yeux pour les brider, cachés derrière le gros poteau sous le préau, pour ne pas que les maîtresses qui surveillaient la cour les voient. Albin, ça l'a rendu furieux. Moi, je suis trop timide mais lui, il n'a pas peur des CM2. Il est allé droit sur eux.

– C'est débile de faire ça.

– Qu'est-ce que tu veux, minus ?

– Laissez-le.

– Dégage.

Il a fait signe à Han de nous rejoindre.

– Les écoute pas. C'est des débiles.

– Ce sont des débiles, a fait Han. Je crois qu'on dit comme ça... non ?

Je ne savais pas trop si on disait comme ça mais ça m'a fait rire et, du coup, Albin a rigolé aussi. On a rigolé tous les deux. Ensemble.

– Dis donc, tu parles mieux que nous, Han !

À l'autre bout de la cour, la bande de gros durs continuait à se moquer de son accent.

– Le plus grand là-bas, c'est Nicolas, ai-je dit. Je lui ai gagné toutes ses billes et, depuis, il a une dent contre moi. Non, en fait, on dirait qu'il a une dent contre le monde entier.

– Une dent ? a demandé Han, les yeux grands ouverts.

– Une dent, oui, a renchéri Albin. Comme celle-là !

– C'est quoi ?

– Une dent de dinosaure, de tyrannosaure, à l'échelle. Enfin presque... C'est mon porte-bonheur. Je l'ai toujours dans ma poche.

En entendant ces mots, j'ai senti mon cœur battre plus fort que d'habitude. Albin gardait ma dent tout contre lui, comme un trésor.

– Depuis quand tu l'as dans la poche ?

– Depuis le jour où tu me l'as donnée.

À côté de nous, Han est resté coincé sur cette histoire de dents.

– Mais vous avez tous des dents dans les poches, vous, les Français ?

– Non. On a les mains dans les poches.

Han ne comprenait plus rien alors on a dû lui expliquer ce que signifiait en français l'expression « avoir une dent contre quelqu'un ». On a ri pendant toute la récré à imaginer que chacun avait une molaire ou une canine planquée dans les poches, comme si on était tous un peu des Tarzan de la campagne, des Tarzan avec des porte-bonheurs par dizaines. En une journée, Han est devenu notre copain et je l'ai trouvé tellement chouette que je l'ai invité aussi à venir pêcher avec nous le dimanche qui suivait.

Dimanche, à 7 heures, papa m'a levé et on est allés chercher Albin et Han, qui habitait un immeuble un peu plus loin. Le coffre était rempli de lignes, d'hameçons, des vrais, des faux, et de chaises pliables. Enfin, ça, c'était plutôt pour papa. Nous, ce qu'on préférait, c'était pêcher les écrevisses qui se planquaient sous les rochers dans la rivière. L'eau était froide à cette heure, alors on a mis nos bottes. J'en ai prêté à Han. On avait prévu le coup avec papa. On connaissait tous les bons coins. J'ai soulevé une dizaine de pierres avant de trouver mon premier spécimen. Han était un peu impressionné mais Albin lui a montré comment attraper une écrevisse.

– Par-derrière, sans qu'elle te voie, et par le torse. Comme ça, ses pinces sont inefficaces.

Un peu plus loin, papa essayait désespérément d'attraper un poisson.

– Vous faites trop de bruit, les enfants, ça les fait fuir !

Il a toujours la même excuse. En vérité, je crois que papa n'est pas un bon pêcheur. C'est un bon lecteur. Quand il vient pêcher, il lit beaucoup plus de livres qu'il ne pêche de poissons !

On a continué à pêcher pendant deux bonnes heures. On s'est bien amusés, tellement bien qu'Albin nous a invités dans sa cabane. Ça y est, j'avais à nouveau le droit d'y mettre les pieds… Je n'avais pas eu à attendre très longtemps. Et heureusement, parce que ça m'avait donné un peu mal au ventre et un peu de chagrin de ne pas pouvoir jouer aux aventuriers avec mon meilleur copain, perchés en l'air, à regarder les autres enfants comme si c'étaient des minus, bien planqués dans les bois.

– Papa !

– Oui ? a-t-il dit de derrière ses lunettes.

– On va à la cabane.

– OK.

Il ne m'avait écouté que d'une oreille, plongé dans son roman, alors j'ai répété pour être sûr qu'il m'entende.

– OK… Revenez pour le déjeuner… Je vous attends là.

Depuis qu'il avait commencé cette histoire de tigre et de volcan, impossible de lui faire lever le nez.

La cabane avait bien changé. Albin l'avait toute décorée. Au-dessus de la porte, il avait cloué un écriteau qui disait « Chez Padepoil ». Il avait disposé dans un coin une petite lampe de chevet solaire et un vieux coffre en bois. Dedans, des dizaines de choco-BN, des magazines et des voitures. Et dans un coin, étrangement coincée entre deux planches de bois, une enveloppe, cornée, abîmée, dont je pouvais voir à travers qu'elle contenait une photographie. Alors que j'approchais ma main pour l'ouvrir, la voix d'Albin a retenti :

– Pas touche !

– C'est quoi ?

– Un secret.

Je voulais savoir. J'avais vraiment envie de savoir mais Albin ne paraissait pas disposé à m'en dire plus.

– Han ? Je te montre mon poste de surveillance ?

Tout en haut de l'arbre, on voyait un bout de planche à l'horizontal.

– T'inquiète, c'est solide.

Ils sont montés tous les deux. Han était émerveillé. La cabane, les jeux, les gâteaux, tout ça, tout seuls, un dimanche matin, sans les parents. Il disait que chez lui, il n'avait jamais pu faire ça. J'ai attendu qu'ils soient bien campés tous les deux là-haut avant de m'activer. Évidemment, j'ai ouvert l'enveloppe. Évidemment, curieux comme je suis, je n'ai pas pu résister mais c'est tant mieux parce qu'à la seconde même où j'ai vu ce qu'elle contenait, je me suis mis à sourire sans pouvoir m'arrêter, comme quand le maître dit que, finalement, on fera pas une dictée ou que l'équipe de France de foot marque un but ou que maman me dit qu'elle est d'accord pour que je commande la prochaine console à Noël : heureux et soulagé !

Chapitre 5

GOOD NIGHT
Simon
MIEL POOPS

Le grand jour est arrivé. Tout à l'heure, après l'école, les parents d'Albin reviendront avec la petite Juliette. Ils ont laissé un message à mes parents pour dire que tout s'était bien passé et qu'ils viendraient récupérer Albin chez nous vers 17 h 30. Pendant trois jours, Albin est venu dormir à la maison : c'était comme si j'avais un frère tout ce temps-là ! On a dormi dans la même chambre, – moi dans mon lit, lui sur le matelas spécial copain – et on a tout fait ensemble : le pyjama, le brossage des dents, la console, le dodo, le réveil, le petit-dej' ! On s'est bien amusés. Hier, j'ai quand même essayé de lui parler de Juliette mais il a dit que chut, que tais-toi, que on parle pas de ça. Et ce matin, en partant à l'école, il n'a pas dit un mot et à la récré, c'était pareil : silence radio.

Léa est venue nous chercher à midi. Après des mois de demandes répétées, elle était enfin décidée à nous emmener au McDo. Ça aurait dû être la fête, manger des burgers, des frites et du ketchup, mais Albin avait toujours la mine renfrognée et rien ne l'amusait, même pas l'espèce de frisbee qu'il avait reçu en cadeau avec son menu. Je ne savais pas quoi faire. Et puis miracle des miracles, Léa a trouvé les bons mots :

– Qu'est-ce qui se passe, Albin ? C'est l'arrivée de ta petite sœur ? C'est ça ?

– Mouais.

– Tu n'as pas pu la rencontrer avant ?

– J'ai pas voulu.

– Ça te fait un peu peur ?

– Juliette ne me fait pas peur. C'est papa et maman qui me font peur. Ils ne parlent que de ça.

C'est la première fois qu'il utilisait son prénom. Ça m'a fait bizarre.

– Il faut le temps que tu t'habitues à elle. Ensuite, tout redeviendra plus tranquille.

– Peut-être.

– Tu veux une glace ?

– Non, merci.

Pour qu'il refuse une glace, c'est qu'il devait vraiment s'inquiéter.

– Simon t'a dit que moi aussi j'ai été adoptée ?

– Toi ?

– Moi.

– T'as fait un défilé ?

Comme je voyais bien qu'elle ne comprenait pas, j'ai précisé :

– Je lui ai raconté pour les Américains et les enfants sur le podium.

– Je n'ai pas défilé… J'ai été adoptée à l'âge de huit mois.

– Comme Juliette. Mais t'as pas de frère… C'est pas pareil.

– Je n'ai pas de frère mais je peux te dire que j'aurais bien aimé en avoir un quand je suis rentrée à l'école. Je me serais sentie moins seule !

Elle a rigolé et puis elle a ajouté :

– C'est quand même dégueulasse ces burgers, non ?

Albin n'a plus rien dit. Il n'a plus rien dit à propos de Juliette et de l'adoption mais son visage s'est ouvert et il mangé son cheeseburger avec délectation. Miam, miam. À la fin du repas, il avait retrouvé le sourire. Il a même blagué :

– Léa, ça ne se dit pas « dégueulasse », on dit « dégoûtant ». C'est pas ce que tu nous dis tout le temps ?

Comme c'était le dernier jour d'école, le maître nous a autorisés à jouer dans la cour tout l'après-midi. Han a voulu qu'on fasse un foot et il s'est mis gardien. Il était super fort ! Il arrêtait tous les buts. C'est comme s'il devinait à l'avance où le ballon allait aller. Albin jouait avant-centre et moi, je jouais à lire sur le banc. Je préférais regarder. Je n'avais pas envie de me fatiguer. Après la récréation, notre maître a voulu jouer au foot avec nous et comme il manquait un joueur dans l'équipe adverse, je m'y suis collé. Heureusement, j'avais Han dans mon équipe ! Le maître était rigolo, pas très agile de ses deux pieds, mais rigolo. Albin lui faisait des passes pour qu'il aille marquer mais, la plupart du temps, un de mes copains lui chipait la balle avant qu'il n'ait pu tirer. On s'est bien amusés même si j'ai remarqué que, pendant la seconde mi-temps, Albin regardait très souvent sa montre. Le grand moment approchait. Moi aussi, je me sentais tout chose. Enfin… bizarre ! Je me demandais si Albin avait bien réalisé que Juliette allait ressembler à Han. Je le connaissais bien et j'étais sûr que, si un jour, quelqu'un s'en prenait à elle pour sa couleur de peau ou ses yeux étirés, il la défendrait comme il avait défendu Han et qu'il n'hésiterait pas une seconde.

Je n'aime pas trop les derniers jours d'école

même si je suis content de partir en vacances. Je n'aime pas trop parce que je vais dire au revoir à mon maître ou à ma maîtresse. Même si je sais que je les reverrai l'année d'après, je sais aussi que ça ne sera plus jamais pareil. J'ai toujours un petit pincement au cœur quand je range mes affaires pour la dernière fois avant de quitter la salle de classe. Et aujourd'hui, avec l'arrivée de Juliette, ça en fait des changements, ça en fait des pincements. Juste avant que ça sonne, Albin est venu boire un peu d'eau au lavabo.

– T'as marqué un super but.

– T'as vu ? Je les ai tous dribblés !

Le maître nous a appelés. Il nous a fait asseoir sur les bancs et il nous a dit qu'il avait passé une belle année avec nous et que nous étions des enfants épatants. J'étais super fier. Quand on est sortis, on a même eu le droit de lui faire un check ! Quand Albin est passé devant lui, il lui a dit qu'il savait que sa petite sœur arrivait aujourd'hui.

– Tu vas bien l'accueillir, n'est-ce pas ?

Pas de réponse. Juste un léger sourire.

– Imagine si tu étais à sa place. Tu aimerais que ton grand frère soit là pour toi, non ?

Le maître, il a toujours eu du flair avec nous. C'est comme s'il devinait ce qu'on ressentait vraiment.

– Je n'aime pas qu'on dise petite sœur.

– Elle s'appelle comment ?

– Juliette.

– Alors on peut dire « Juliette » ? Tu me la présenteras l'année prochaine, quand elle viendra te chercher à l'école ?

– Peut-être.

– Profite bien de ton été, Albin.

Et hop, un check et une bise. Une bise ! J'étais presque jaloux.

Il nous restait une demi-heure avant l'arrivée des parents d'Albin. Il avait obtenu de Léa qu'elle ne vienne pas nous chercher à l'école et qu'on puisse rentrer à pieds. D'ordinaire, je préfère, mais je me demandais si ça n'était pas une ruse de sa part pour s'enfuir à toutes jambes sans attendre l'arrivée de Juliette. Un dernier regard au maître et on redescendait la rue qui menait à la place de l'église.

– C'est bizarre d'avoir rendez-vous avec une petite sœur.

Ouf! Pas de projet de fugue à l'horizon.

– Je veux bien te croire… Je voulais te dire… J'ai ouvert l'enveloppe dans la cabane.

Je me sentais mal d'avoir trahi sa confiance et j'estimais que c'était le bon moment pour lui en parler.

– Je t'avais interdit d'y toucher !

– Je suis désolé… Je n'ai pas pu m'en

empêcher. C'est un joli bébé. Tu l'aimes un peu déjà.

– Et pourquoi tu dis ça ?

– Parce que tu as gardé tout ce temps sa photo comme un trésor.

Chapitre 6

On a croisé papa et maman sur la place de l'église. Le père Arrulphe s'était encore fait la belle ! Et il avait emmené une résidente avec lui dans son escapade. Tout le village était après lui. La deuxième fois en un mois, ça commençait à m'agacer. Il s'échappait toujours, c'était pas compliqué de l'enfermer !

– On n'enferme pas un monsieur de cet âge. Et puis Gaston est amoureux. Ça change tout. C'est une très belle histoire.

– Ils ont dû vouloir partir en balade romantique, a dit papa.

– Il est amoureux de qui ? a demandé Albin.

– De Marcelle. 82 ans.

– Elle a *Zaïmer*, elle ?

– Non. Elle est juste vieille, elle ! Parce que je ne t'ai pas dit, mon chéri, mais ton fils considère que nous sommes riches et vieux !

– Ah, la bonne blague, a fait papa, avant de demander aux passants s'ils avaient vu Gaston et Marcelle se promener dans le coin.

Mais cette fois-ci, rien, pas un indice, pas une idée. Personne à la rivière. Albin et moi, on s'est proposés pour les aider mais maman nous a renvoyés à la maison. Léa nous attendait et Juliette allait arriver… C'est bizarre, que le même jour, dans un petit village, se croisent les destins d'un vieux monsieur qui veut toujours s'enfuir et d'une petite fille qui arrive de l'autre bout du monde. On a continué à marcher et on n'a plus rien dit jusqu'à la maison. De petites hirondelles se sont mises à tournoyer au-dessus de nos têtes. Entre deux de leurs pépiements, on entendait des voix d'adultes qui criaient : « M. Arrulphe, Marcelle ! ». Ça faisait une drôle de symphonie. Quand on est arrivés dans notre rue, j'ai vu la voiture des parents d'Albin. Ça y est. Juliette était là. Juliette était arrivée. Albin s'est arrêté net, immobile, sur le trottoir. Je voyais la veine bleue de son front qui ressortait. Il est devenu tout blanc. J'ai cru qu'il allait tourner de l'œil.

– Et si mes parents l'aiment plus que moi ?

Il a dit ça à voix haute, en regardant dans le vide. C'était bizarre. Sa maman est sortie du van avec le bébé dans les bras et je n'ai même pas eu le temps de lui répondre. Ce que je lui aurais dit, c'est ce que papa m'avait expliqué : que le cœur est toujours en train de grandir, qu'on peut aimer à l'infini, et que ça n'est pas comme un estomac ou un foie, le cœur, parce que ça marche à l'amour et pas à la pizza ou aux coquillettes. Albin est allé jusqu'à eux. Au loin, on entendait toujours les mêmes voix crier les noms du père Arrulphe et de sa vieille amoureuse. Je reconnaissais parmi toutes celle de maman qui était plus inquiète qu'à son habitude, ça se sentait.

Léa est sortie de la maison. Elle a agité la petite cloche du portail avant de me rejoindre.

– Je t'ai préparé une limonade.

Mais je n'avais pas envie de limonade. Je voulais rester là et voir comment Albin allait réagir.

– Simon, c'est leur moment à eux. Tu peux au moins aller poser ton cartable à l'intérieur, non ?

Non et non. Je ne voulais rien louper de cette rencontre ! Quand Albin est arrivé près de ses parents, sa maman l'a embrassé et son père l'a serré dans ses bras, puis lentement, très lentement, comme les héros des jeux vidéo quand ils sont au ralenti, il s'est penché au-dessus de Juliette. Comme j'aurais aimé être à sa place… On avait tellement parlé d'elle que j'avais l'impression que c'était aussi un peu ma petite sœur à moi. Albin l'a regardée plusieurs secondes, Juliette a gazouillé et la main de mon aventurier de copain s'est posée sur sa joue. Pas que posée : il l'a caressée. Albin souriait à Juliette. Il lui souriait !

C'est à ce moment-là que la maman d'Albin nous a appelés :

– Léa, Simon ! Venez voir cette merveille !

J'ai foncé jusqu'à eux, mon cartable avec tous mes cahiers de l'année bringuebalant sur mon dos.

– T'as vu comme elle est belle ? m'a dit Albin.

– Mon Albin, a dit sa maman, toi et Juliette, vous êtes nos amours.

Sa maman avait des larmes dans les yeux. Des larmes de joie. J'étais content pour Albin : il pouvait être rassuré, ses parents l'aimeraient toujours, leurs cœurs marchaient comme tous les bons cœurs : à l'amour, à l'amour grandissant.

Je suis resté un moment avec eux. J'ai même assisté à la visite de la maison et du jardin que les parents d'Albin et Albin lui-même ont fait à Juliette. Tu vois, ça, c'est le salon et ça, la salle de bains, là, il y a ta petite baignoire et ici, tes doudous. Juliette regardait et j'avais l'impression qu'elle était contente d'être là. Elle essayait d'attraper le doigt qu'Albin lui tendait et quand elle y arrivait, c'est comme si elle ne voulait plus le lâcher. À la fin de la visite, on a goûté tous ensemble. J'ai pu tenir Juliette dans mes bras. C'était incroyable : ses petites mains, ses petits pieds et puis cette bonne odeur de crème à l'amande. J'étais soulagé. Albin ne s'enfuirait pas. Il ne s'enfuirait jamais. Il était grand frère maintenant, et grand frère, c'est un sacré boulot ! Avec tout ça, j'avais presque oublié que mes parents n'étaient toujours pas là. Quand Léa m'a ramené chez moi, on a vu que maman avait laissé un message. Le père Arrulphe et sa bien-aimée n'étaient toujours pas revenus à la maison de retraite et ils avaient dû appeler les gendarmes. Des gendarmes qui cherchent un vieux gendarme, ça en fait, des histoires. Du coup, papa et maman étaient restés là-bas pour attendre des nouvelles. Maman, elle est comme ça. Je la connais. Si ses petits vieux ne sont pas bien au chaud le soir, elle ne peut pas dormir. Quant à papa, comme il est lui aussi en vacances – il a fini ses cours – et qu'il aime bien jouer à la belote avec certains résidents, il est resté avec elle. Surtout pour la belote, pas trop pour le capitaine de gendarmerie. Je le connais lui aussi.

En me déshabillant le soir pour me mettre en pyjama, j'ai senti un truc dans ma poche. C'était ma dent de tyrannosaure. Albin me l'avait rendue sans me le dire. C'est sa façon à lui de me faire comprendre qu'on est les meilleurs copains. Il est plein de surprises, mon ami. Ou peut-être qu'il n'a plus besoin de porte-bonheur. J'ai pensé à Han et je me suis dit que j'allais la lui donner, qu'il serait content de l'avoir et que ça pourrait peut-être le protéger des débiles de CM2.

Le lendemain matin, maman m'a appris que le père Arrulphe et son amoureuse avaient été retrouvés dans une cabane dans la forêt, serrés l'un contre l'autre sous une couverture de survie et qu'ils avaient mangé une trentaine de choco-BN émiettés. Sur le pas de la porte, cet écriteau : « Chez Padepoil »…